Die deutsche Nationalbibliothek verzeichnet diese Publikation der deutschen Nationalbibliografie, detaillierte Daten sind im Internet über http://dnb.d-nb.de abrufbar

Herstellung und Verlag: BoD-Books on Demand, Norderstedt
Christa Rieck 1. Auflage
Copyright 2014 Text und Layout Christa Rieck
Fotos: Andreas Kiefer, Christa Rieck
Titelfoto: Andreas Kiefer

Auslieferung:www. bod.de, buchhandel@bod.de

ISBN 9783734796760

Herausgeber:
Christa Rieck,
Mail: rieck.chr@web.de

Christa Rieck

Flügelschlags Welt

Eine Fledermausgeschichte für Kleine und Große

Mein besonderer Dank gilt

Andreas Kiefer

für die Bereitstellung seiner Fledermausfotos,
ohne die dieses Buch nicht möglich gewesen wäre.

Inhalt

Die Landschaft

Eine kleine **Zwergfledermaus** mit Namen *Flügelschlag,*
lebt mit ihren Schwestern, Brüdern, Freundinnen und Freunden
in der Nähe eines alten Gewässers.

Zwergfledermaus Foto: Andreas Kiefer

Sie ist eine der kleinsten Fledermausarten,
genau genommen so klein,
dass sie in eine Streichholzschachtel passt.

Sie ist also nicht größer als ein Streichholz lang ist.

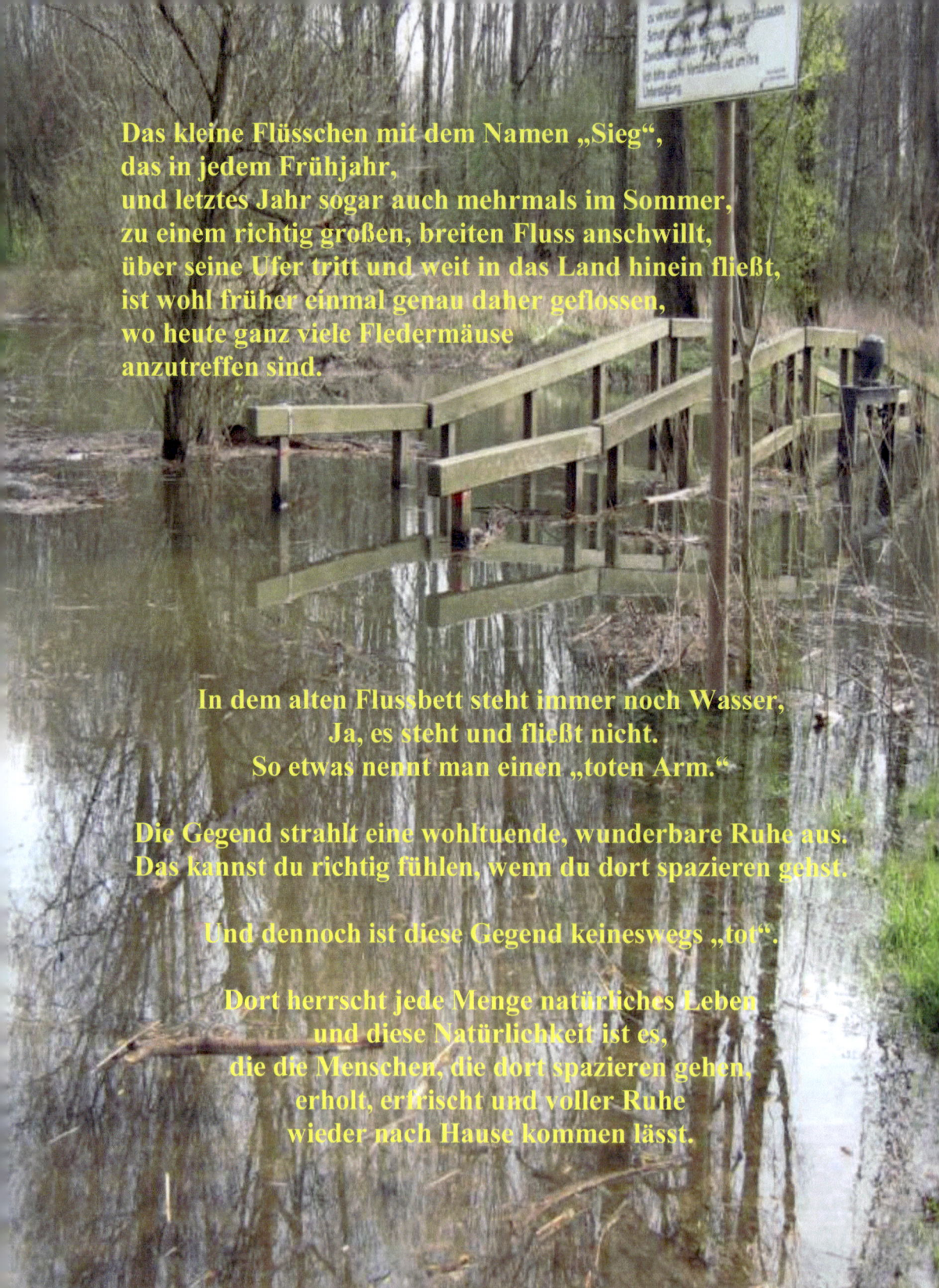

Das kleine Flüsschen mit dem Namen „Sieg",
das in jedem Frühjahr,
und letztes Jahr sogar auch mehrmals im Sommer,
zu einem richtig großen, breiten Fluss anschwillt,
über seine Ufer tritt und weit in das Land hinein fließt,
ist wohl früher einmal genau daher geflossen,
wo heute ganz viele Fledermäuse
anzutreffen sind.

In dem alten Flussbett steht immer noch Wasser,
Ja, es steht und fließt nicht.
So etwas nennt man einen „toten Arm."

Die Gegend strahlt eine wohltuende, wunderbare Ruhe aus.
Das kannst du richtig fühlen, wenn du dort spazieren gehst.

Und dennoch ist diese Gegend keineswegs „tot".

Dort herrscht jede Menge natürliches Leben
und diese Natürlichkeit ist es,
die die Menschen, die dort spazieren gehen,
erholt, erfrischt und voller Ruhe
wieder nach Hause kommen lässt.

Hier gibt es ganz alte Bäume, Espen oder auch Aspen genannt.
Das ist eine Pappelart.

Hast du schon mal gehört, dass jemand gesagt hat:
„Du zitterst ja wie Espenlaub?"

Im Sommer, wenn diese Bäume Laub tragen,
hört man immer ein leises Rascheln,
selbst wenn kaum ein Lüftchen weht.

Und dann kannst du sehen,
wie sich die silbrig schimmernden Blätter
ganz schnell bewegen, als würden sie „zittern",
obwohl bei anderen Bäumen,
z. B. der Buche oder der Eiche,
gar keine Bewegung zu erkennen ist.

Die Blätter der anderen Bäume recken sich still und friedlich
der Sonne oder den Wolken entgegen, je nach Wetterlage.

Hier, wo *Flügelschlag* lebt,

stehen auch noch einige Bäume,
in denen gar kein Leben mehr ist,
die also keine Blätter mehr entwickeln,
weil sie bereits abgestorben sind.

Daran wachsen tellerförmige,
kleine und große Baumpilze.

Manche sehen aus
wie ausgeklappte Fächer
oder kleine Markisen.

Einige Baumpilze wachsen nur an totem Holz,
andere befallen die noch lebenden Bäume.

Sie schwächen und
und zersetzen sie mit der Zeit,
und daraus wird dann Humus,
also gute, nahrhafte Erde.

Die Landschaft hier,
wie auch manch andere Gegend,
steht unter einem besonderen Schutz.
Man nennt sie: **Naturschutzgebiete**.

Sie sind für unseren natürlichen Lebenskreislauf enorm wichtig
und müssen erhalten bleiben.
Daher werden sie zu Schutzgebieten erklärt.

Warum hier so viele abgestorbene Bäume stehen,
ist ganz einfach:
Man überlässt es der Natur selbst, sie zu „entsorgen",
und so kann sie ihr eigenes Gleichgewicht
wieder herstellen und aufrechterhalten.
Es sind gesunde und wertvolle Gebiete in denen noch,
dem Ursprung entsprechend,
das Leben entstehen und vergehen darf.

Außerdem haben viele Tiere, Käfer und andere Insekten,
besonders auch die Fledermäuse,
hier in dieser Gegend in den Baumstämmen ihr Quartier.
Sie richten ihre Kinderstuben darin ein,
und manche überwintern dort auch.
Diese Bäume sind vom **Nabu Naturschutzbund** mit einem
Fledermaus-Symbol gekennzeichnet.
Es ist wichtig, den Fledermäusen diesen Lebensraum zu erhalten,
sonst würden sie aussterben.
Manche Fledermausarten kommen von weit her, nur um sich
hier in diesem Gebiet zu paaren und ziehen dann weiter.
Natürliche Feinde haben sie jedoch auch, zum Beispiel:
Katzen, Marder, Eulen oder Greifvögel…

...und dennoch ist der größte Feind der Fledermäuse:
der Mensch -
weil er immer wieder ihren Lebensraum zerstört.

Alte Scheunen oder Schuppen gibt es kaum noch,
ebenso wenig irgendwo eine offene Dachluke
zu einem leerstehenden Speicher.

Heute wird von den Menschen,
auch hier in der Nähe des Naturschutzgebietes,
jeder Winkel ausgebaut und genutzt.

Da ist kein Platz mehr für Fledermäuse oder sonstiges Getier.

Du kannst den Fledermäusen neuen Lebensraum anbieten.
Es gibt es im Handel kleine Fledermauskästen zu kaufen.

Die lassen sich aber auch leicht selber bauen,
Bastelanleitungen findest du im Internet oder beim
„Naturschutzbund Nabu.
Schau mal hier: www.fledermausschutz.de

Den Fledermauskasten hängst du an eine Hauswand
oder im Garten an einen Baumstamm.
Er darf zeitweise von der Sonne beschienen werden,
ständige Sonne ist aber zu vermeiden.

Kontrollieren und säubern darfst Du die Kästen
von September bis März,
da sie in dieser Zeit meist nicht bewohnt sind
und du die Fledermäuse dann nicht in ihrer Ruhe störst.

14

Das Echo

Die liebste Beschäftigung von Fledermaus *Flügelschlag* ist es,
mit den anderen Fledermäusen über das Wasser zu fliegen
und dabei nach Mücken und anderen Insekten zu jagen.

Dabei veranstalten sie richtige Wettrennen oder besser gesagt:
„Wettfliegen".

Stell dir einmal vor, wie viele Stechmücken in diesem großen,
stehenden Gewässer heranwachsen würden,
gäbe es dort nicht

Flügelschlag,
die kleine **Zwergfledermaus**,
mit ihrer Familie und ihren vielen lieben Verwandten,
Freundinnen und Freunden.

An der großen Espe,
die dort im Wasser liegt
weil sie nicht mehr genug Kraft hatte
sich am Ufer festzuhalten,

als der Wind im letzten Jahr
so stürmisch über das Land fegte,
trifft sie sich mit ihrer Freundin *Fleddy*
der Fransenfledermaus.

Sie ist fast genau so groß wie *Flügelschlag,*
die ja selbst nur fünf Gramm wiegt
und eine der kleinsten
Fledermausarten ist.

Flügelschlags Eltern,
genauer gesagt ihr Vater,
der schon ziemlich korpulent ist,
wiegt nicht mehr als acht Gramm,
und das ist bei seiner Streichholzlänge schon recht viel.

Die Fransenfledermaus
wird vier bis fünf Zentimeter groß
und wiegt zwischen fünf und zehn Gramm.

An ihrer Schwanzflughaut
hat sie kleine,
wie Haare wirkendende Fransen,
die jedoch fest sind.

Fransenfledermaus Foto: A. Kiefer

„Da bist du ja endlich",
ruft *Fleddy,*

die Fransenfledermaus, ihr zu,
„ich kann es kaum erwarten.

Ich bin schon mal
über das Wasser geflogen, um zu sehen,
wie viele Mücken heute wieder ihren Tanz
in der Abenddämmerung aufführen.

Du hast sicher wieder verschlafen.
Du siehst ja noch richtig zerknittert aus."

Ja,
es stimmt schon, dass *Flügelschlag*
sich beim Aufwachen nicht gleich
in die Lüfte geschwungen hatte,
sondern ihren Kopf unter die Flügel steckte
und dabei die Zeit vergessen hat.

„Du kannst es auch nie erwarten",
sagt *Flügelschlag* zu *Fleddy.*
Und das ist tatsächlich auch so.

Inzwischen ist es dunkel geworden.

Jetzt fragst du dich vielleicht, wie die beiden denn in der
Dunkelheit Mücken fangen können?
Haben sie vielleicht Katzenaugen?

Dazu sollst du wissen, dass Fledermäuse
ein ganz besonderes System haben,
sich in der Dunkelheit zu orientieren.

Sie brauchen gar nichts zu sehen,
denn sie orientieren sich am Echo.

Weißt du, was ein Echo ist
oder hast du vielleicht schon mal ein Echo gehört?

Wenn in den Bergen jemand ruft oder jodelt oder singt,
hörst du das wieder und wieder, es hallt und schallt.

Die Schallwellen kommen von den Bergen zurück,
und so ähnlich funktioniert das bei den Fledermäusen.

Fledermäuse senden ganz hohe Töne aus, Ultraschallwellen,
die wir mit unseren Ohren gar nicht mehr hören können.

Diese Schallwellen treffen auf einen Gegenstand
oder ein Lebewesen und von dort kommen sie zurück.

Daran orientiert sich die Fledermaus.

Sie kann sogar die Entfernung und die Größe erkennen,
und sie kennt dann auch die Geschwindigkeit,
mit der dieses Objekt unterwegs ist.

Das alles erkennt,
also „ortet" sie am Schall,
der zurückkommt,
als hätte sie Antennen
an ihren Ohren.
Es ist so, als würde sie
mit den Ohren sehen.

Dennoch ist sie nicht blind, sie hat Augen und kann damit sehen.
Aber in der Dunkelheit orientiert sie sich am Schall.
Weißt du, nicht nur Fledermäuse orientieren sich so,
auch Delphine und Wale.

Die Menschen haben das Echosystem der Fledermäuse
und auch der Wale und Delphine,
genau erforscht und mit Geräten nachgebaut.
Das sind zum Beispiel Ultraschallgeräte und Radargeräte,
die die Schifffahrt besonders bei Nebel zu schätzen weiß.
Und andere nutzt die Polizei zur Geschwindigkeitskontrolle.

Ultraschallgeräte werden auch im medizinischen Bereich
verwendet, und vielleicht hat dich ein Arzt mit solch einem Gerät
schon einmal untersucht.

Wenn du die Rufe der Fledermaus hören möchtest,
brauchst du dazu ein ganz besonderes Gerät,
einen so genannten
Fledermausfinder *oder* **Fledermaus-Detektor,**
der die Rufe der Fledermaus aufnimmt
und so wiedergibt, dass du sie hören kannst.

Die Beute

Fleddy und *Flügelschlag* fliegen sofort los.

„Ich habe einen Bärenhunger",
sagt *Flügelschlag*.
„Gestern hat es so geregnet, da bin ich gar nicht
richtig satt geworden.
Den meisten Mücken war es einfach zu nass, um zu tanzen."

Heute ist das anders.
Die Sonne ist gerade dabei, sich glutrot zu verabschiedet
und verwandelt den Himmel in ein wahres Feuerwerk.

Alle Farbnuancen
von gelb, orange und rot
sind zu sehen.

Es sind mehr Farben,
als du von deinen vielen Buntstiften her kennst.

Flügelschlag jagt an *Fleddy* vorbei
und schnappt ihr wieder mal eine Mücke vor der Nase weg.

Dabei kreuzt sie um Haaresbreite die Flugbahn von
Dämmerflug, **dem Abendsegler**.

Das war mal wieder Maßarbeit!

Nein, Fledermäuse kommen sich nicht in die Quere,
sie haben ja ihr ausgezeichnetes Echolotsystem.

Dämmerflug
ist schon eine Weile hier
und genießt diesen Reichtum an Futter.

Er gehört zur den großen Fledermausfamilien.

Noch bevor die Sonne ganz untergeht,
ist er immer schon auf den Beinen,
- nein, ich meine natürlich auf den Flügeln….

…ach nein, so kann man das eigentlich auch nicht nennen,
denn Fledermäuse fliegen eher mit den Händen.

Der große Abendsegler
jagt schon vor Sonnenuntergang.
Er kann Entfernungen von
2000 km zurücklegen.
Es gibt auch noch den
kleinen Abendsegler,
der gerne in Spechthöhlen lebt.

Abendsegler Foto: A. Kiefer

Du kannst dir das so vorstellen,
als würdest du dir über deine Finger,
die du auseinanderspreizt,
ein großes Tuch spannen.

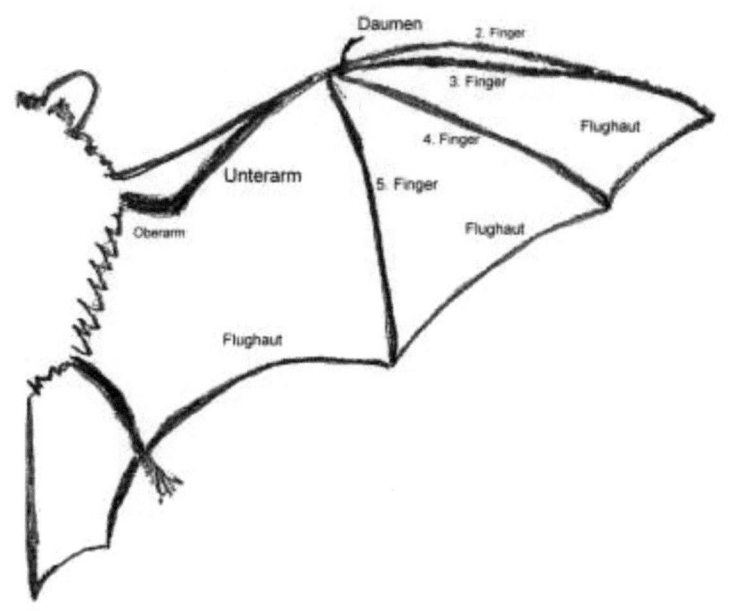

Fledermäuse haben, wie wir Menschen,
einen Ober- und Unterarm.

Über die fünf Glieder,
die sich am Unterarm befinden,
wie bei uns die fünf Finger an der Hand,
ist eine Haut gespannt.

„Hallo, da seid ihr ja endlich,
ich freu mich schon auf ein Tänzchen mit euch beiden",

ruft *Dämmerflug*
ihnen im Vorbeifliegen zu.

„Hast Du Lust mit uns ein wenig Nachlaufen,
nein Nachfliegen,
also: Fangen spielen",
fragt *Vorwitznas,*
„du bist mir noch eine Revanche schuldig".

Sie hatte nämlich gestern gegen *Dämmerflug* verloren
und wollte heute unbedingt gewinnen.

„OK,
aber ich muss vorher noch etwas essen.
Ich habe erst knapp fünfzig Mücken erwischt
und bin nur halb satt."

Ja, eine Fledermaus verspeist
hundert und mehr Insekten in einer Nacht.

Das ist ungefähr so,
als würdest du hundert Würstchen an einem Tag verspeisen.

„Dort hinten an der Weide,
die immer so traurig
ihre Blätter
ins Wasser hängen lässt,
habe ich die ganz dicken
tanzen sehen",

ruft er den beiden zu
und weg ist er.

Hoffentlich lässt *Dämmerflug*
ihnen noch eine Mahlzeit übrig.

„Weißt du was, ich habe *Horchlöffel* noch gar nicht gesehen,

aus der Familie der
Langohrfledermäuse,

Braunes Langohr   Foto: A. Kiefer

er ist doch sonst immer
hier auf Jagd",
stellt *Flügelschlag*
mit großen Augen fest,
während sie ihren Kopf
in alle Richtungen dreht.

Graues Langohr im Winter   Foto: A. Kiefer

*Das **braune Langohr** hat die längsten Ohren
und stößt die leisesten Rufe aus.
Sie sind nur über kurze Entfernung wahrnehmbar.*

*Das **graue Langohr** begegnet dir oft in Ortschaften.*

Nein,
sie kann ihn
auch noch nicht
gesehen haben,
denn er ist diesmal
ins Dorf geflogen.

Dort hat er
bei den Gärten

Vorwitznas

kennengelernt,
eine liebenswerte
süße, nette

Hufeisennase.

Aber
das wissen die anderen
noch gar nicht.

Hufeisennase
Foto A. Kiefer

Die Nase der Hufeisenfledermaus ist so gebogen,
dass sie an die Form eines Hufeisens erinnert.
Genau dies hat ihr also ihren Namen gegeben.
Sie kann gleichzeitig rufen und hören.
Selbst bei geschlossenem Mund kann sie Laute ausstoßen.
Dazu benutzt sie ihre Nase.
Die anderen Fledermäuse können das nicht.

Es gibt ungefähr tausend verschiedene
Arten von Fledermäusen,
die unterschiedlich groß sind.

Die Größte bei uns ist
das große Mausohr.

Mausohren gehören zu den
Glattnasen-Fledermäusen.
Das große Mausohr wiegt bis zu vierzig Gramm
und ihre Spannweite beträgt
gut vierzig Zentimeter wenn sie fliegt.

Es gibt auch die etwas kleine Art: das kleine Mausohr.

„Wo ist denn *Mausi,*

wollen wir nicht auf sie warten",
schlägt *Fleddy* vor.

„ Ja, ich glaube ich höre schon ihr Stöhnen!"

Die beiden Freundinnen, *Fleddy*

und *Flügelschlag,*

drehen sich um.

Da kommt **_Mausi,_ die Mausohr-Fledermaus**,
ganz aufgebracht auf sie zu:

Ausschnitt aus Mausohr Kolonie   Foto: A. Kiefer

„Ist es nicht furchtbar,
dass die Menschen so schreckliche,
aber vor allem unwahre Geschichten über uns erzählen
und uns auf Bildern als Vampire darstellen",
jammert sie.

„Eben erst habe ich gehört,
dass sie uns wieder zu blutrünstigen, blutsaugenden Monstern
verfilmt haben.

Wir haben noch nie einem Menschen etwas zuleide getan.

Selbst unsere großen Verwandten im tropischen Amerika,
die schon mal eine Kuh angreifen,
fallen niemals wie ein Vampir über Menschen her.

Wir sollten keine einzige Mücke mehr verzehren,
damit sie merken, wie gut und nützlich wir den Menschen sind,
damit sie uns endlich schätzen lernen.“

„ Aber wie sollen wir dann leben, wenn wir nichts mehr fressen
und in den Hungerstreik treten“,
erwidert *Flügelschlag*.

„Komm endlich,
mir hängt der Magen schon bis auf die Baumkronen.“

Der Schlaf

Flügelschlag
ist jetzt seit ungefähr einer Stunde wach,
und ihre Körpertemperatur ist nun wieder
in den für sie normalen Bereich
von ungefähr vierzig Grad Celsius angestiegen.

Bei dir ist sie nur so hoch, wenn du ganz hohes Fieber hast.

*Tagsüber, wenn die Fledermäuse schlafen,
sinkt ihre Temperatur auf circa 28-10° Celsius.*

*Auch die Atmung und die Verdauung
sind dann auf Sparflamme geschaltet.
Dann sind die Fledermäuse in einer Art Lethargie.*

*Das hat die Natur deshalb so eingerichtet,
damit sie nicht zu viel Lebensenergie verbrauchen,
denn die benötigen sie für ihre Flüge.*

*Du musst ja auch mit deiner Kraft haushalten
und dir ab und zu einmal eine Pause und genug Schlaf gönnen,
damit sich dein Körper erholen kann.*

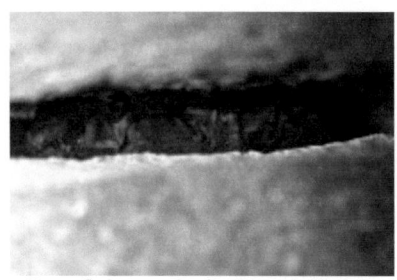

Zwergflederm. in Spalte Foto: A. Kiefer

Die Fledermäuse haben sich,
wenn es Oktober/November wird,
ein Fettpolster angefressen und
suchen sich ein Winterquartier,
in dem sie den Winter
verschlafen können.

Dazu nutzen sie jede noch so kleine Spalte.
Die vielen toten Bäume im Naturschutzgebiet
an der Siegmündung sind dafür ganz wunderbar geeignet.
Zusätzliche Nistkästen,
die vom ***Nabu, dem Naturschutzbund,*** aufgehängt wurden,
sorgen dafür, dass genügend Platz für alle vorhanden ist.

Auch im nahegelegenen Siebengebirge,
in den Höhlen der „Ofenkaulen",
ist im Winter ein ausgebuchtes
„Hotel für Fledermäuse" zu finden.

Ja, sie brauchen ein Winterquartier,
denn wie sollten sie den Winter überleben,
wenn sie ihn nicht verschlafen:
Sie würden im Winter doch so gut wie keine Mücke
oder andere Insekten finden,
und wie sollten sie dann überleben?

Sie dürfen in ihrem Winterschlaf nicht gestört werden.
Werden die Fledermäuse vorzeitig aus ihrem Winterschlaf
aufgeweckt, kostet sie das so viel Energie,
dass ihre Kraft nicht mehr ausreicht,
um im Frühjahr erneut wieder zu erwachen – sie sterben dann.

Aber kaum wird der Frühling spürbar,
kommen alle Fledermausarten,
die den Winter über fest geschlafen haben,
langsam wieder zu sich, werden wieder aktiv
und beginnen, in der Gegend umher zu fliegen.

Bei ihren Reisen prägen sie sich die Landschaft genau ein,
orientieren sich an Flussläufen genauso wie an Autobahnen
und finden so ihren immer wieder ihren Weg,
weil sie sich erinnern.

Du machst es ebenso,
wenn du nachts einmal auf die Toilette musst
oder zu deinen Eltern ins Bett willst.
Du weißt genau, wo der Weg lang geht,
und musst nicht genau schauen,
denn deine Augen sind im Halbschlaf meist nicht richtig auf
und sehen nicht, wo du gerade entlang läufst.

Du erinnerst dich, weil du den Weg bei Tag oft gegangen bist
und genau weißt, wie du zur Toilette
oder ins Schlafzimmer deiner Eltern kommst.

Ganz schlimm für die Reise der Fledermäuse ist es,
wenn Flüsse umgebettet werden
oder neue, große Straßen gebaut werden.

Sie irren dann auf Ihrem Weg zu ihren Brutstätten
und zu den Winterquartieren umher
und finden kaum einen geeigneten Ersatzplatz,
wie z. B. leere Dachböden oder Speicher.

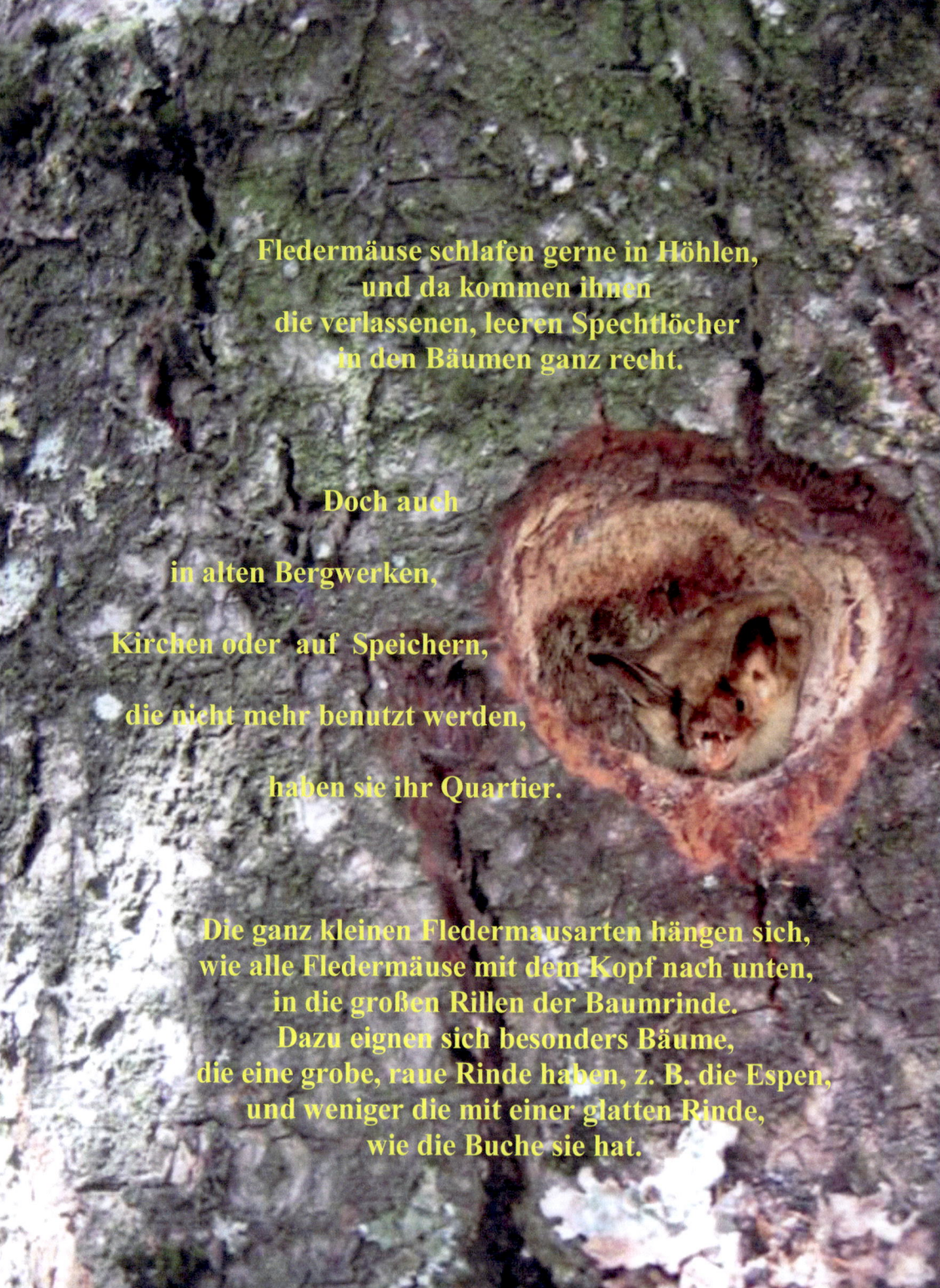

Fledermäuse schlafen gerne in Höhlen,
und da kommen ihnen
die verlassenen, leeren Spechtlöcher
in den Bäumen ganz recht.

Doch auch

in alten Bergwerken,

Kirchen oder auf Speichern,

die nicht mehr benutzt werden,

haben sie ihr Quartier.

Die ganz kleinen Fledermausarten hängen sich,
wie alle Fledermäuse mit dem Kopf nach unten,
in die großen Rillen der Baumrinde.
Dazu eignen sich besonders Bäume,
die eine grobe, raue Rinde haben, z. B. die Espen,
und weniger die mit einer glatten Rinde,
wie die Buche sie hat.

Der Nachwuchs

„Was macht eigentlich dein kleiner Bruder?"

fragt *Fleddy,*
die es immer ganz genau wissen will,
bei *Flügelschlag* nach,

während sie nebeneinander zu der Trauerweide fliegen,
unter der die ganz dicken Mücken tanzen sollen.

Es ist inzwischen Juni und ihr kleiner Bruder
hat vor etwa vierzehn Tagen das Licht der Welt erblickt.

Flügelschlag
hat sich riesig gefreut
und kann es nun kaum erwarten,
bis sie das erste Mal mit ihm ausfliegen darf.

Fledermausbabys werden blind und nackt geboren.

Erst nach und nach entwickelt sich ihr Fell,
das je nach Art heller oder dunkler ist.

Ja, und die Mutter ist ganz besonders wichtig für die Kleinen:

- *einmal wegen der Wärme*
  die die kleine Fledermaus von ihr bekommt

- *und natürlich wegen der Milch.*

Das ist bei den Menschen nicht anders.

Auch da ist die Mutter mit ihrer Wärme,
ihrer Herzenswärme,
genauso wichtig für ihr Kind, wie ihre Muttermilch.

Fledermäuse sind Säugetiere, das bedeutet,
sie bringen lebende Junge zur Welt und säugen sie,
wie der Name schon sagt.

Sie sind eben keine Vögel, die Eier legen,
aus denen dann die Jungen schlüpfen,
obwohl sie wie Vögel fliegen können.

Außerdem haben Fledermäuse auch keine Federn,
sondern Haare, also ein richtiges Fell.

Fledermäuse bekommen nur einmal im Jahr Nachwuchs
und dann auch nur ein, ganz selten mal zwei Babys.

„Weißt du",
sagt *Flügelschlag*

und ihre Augen strahlen,

„es ist einfach schön und kuschelig
über das zarte Fell zu streicheln,
das meinem Bruder jetzt nach vierzehn Tagen
so langsam wächst.

Er genießt wonnevoll meine Streicheleinheiten
und freut sich dann riesig"

Fledermäuse können bis zu fünfundzwanzig Jahre alt werden.

Wenn du bedenkst, dass Hunde,
die ja viel größer als Fledermäuse sind,
nur so um die zwölf Jahre alt werden,
da wird eine Fledermaus ganz schön alt.

„Wie lange wird deine Mutter noch
in der Wochenstube bleiben?"
fragt *Fleddy* interessiert weiter.

Sie hofft, im nächsten Jahr
auch endlich mal einen Bruder zu bekommen.
Bis jetzt waren es immer nur Schwestern.

Mausohren-Wochenstube mit wenig Müttern   *Foto: A. Kiefer*

„Na ja, bis er alleine fliegen
und sich selbst versorgen kann,
werden schon noch vier Wochen ins Land ziehen,
dann sind ja auch erst die sechs Wochen um,
die er in der Wochenstube bleibt",
antwortet Flügelschlag,
die gerade einen dicken Falter
zum Fressen gern hat.

Zwergfledermaus

Fransenfledermaus

Langohr

Abendsegler

großes Mausohr

Die Fledermauskraft

„Wisst ihr?"
erhebt jetzt *Mausi* ihre klare Stimme,
und diesmal ist gar kein Stöhnen darin zu erkennen,
also horchen alle gespannt auf:

„Die Indianer und die alten Schamanen wissen uns
mit unserer Fledermauskraft noch sehr zu schätzen
und haben nicht solche Horrorbilder von uns,
wie manche Menschen hier.

Sie rufen uns und unsere Vorfahren, also unsere Ahnen,
wenn sie einen weisen Rat brauchen.
Sie wissen, wie hilfreich das für sie sein kann.

Und -"
spricht *Mausi* weiter,
„sie haben nicht vergessen,
dass wir ihnen helfen können,
sich von alten Gewohnheiten
zu befreien, die ihnen das
Leben schwer machen.
Wir hängen ja nicht umsonst
mit dem Kopf nach unten.
Dadurch sehen wir alles
ganz anders,
es entsteht eine völlig neue
Sichtweise.

Mausohr   Foto: A. Kiefer

43

Mit der Fledermauskraft können die Menschen
die eine oder andere Angelegenheit mal ganz anders,
von einer anderen Seite, aus einem anderen Blickwinkel
betrachten und so einen ersehnten Ausweg finden.

Über die Fähigkeiten der Fledermäuse
nachzudenken und sich auf diese,
auch in ihnen angelegte Kraft zu besinnen,
ist sehr hilfreich.

Menschen, die immer wieder Situationen erleben
in denen sie glauben, sich ärgern zu müssen,
tun gut daran, ihre Gewohnheiten ändern,
wie sie mit Streit und Ärger umgehen.

Betrachten sie die Angelegenheit einmal,
wie die Fledermäuse es tun wenn sie kopfüber hängen,
aus einer anderen Richtung,
bekommen sie neue Ideen und neue Einfälle,
und dann kann sich ihre Situation neu entwickeln.

So können nach und nach
neue Einsichten und Verhaltensweisen entwickelt werden,
mit denen es den Menschen besser geht.

Aber das haben sie fast völlig vergessen.

Es ist schon so lange her,
dass die Großmütter und Großväter
ihren Enkeln davon erzählt haben,
und so geht dieses Wissen immer mehr verloren.

Inzwischen
sind sie bei der Weide,
deren Tränen wie kleine,
glitzernde Perlen
auf den Blättern glänzen,
angckommcn.

Dämmerflug, **der Abendsegler**
hat sich zu ihnen gesellt und ihnen zugehört.
Jetzt erhebt er seine Stimme, die wesentlich kräftiger klingt

als die von

Fleddy und erst recht als die von *Flügelschlag:*

„Denkt nur an unser Ultraschallsystem.
Natürlich haben die Menschen das erforscht und nachgebaut
und so wundervolle Geräte entwickelt,
die ihnen auch nützlich sind.

Aber",
jetzt wird *Dämmerflug* ganz nachdenklich,
er macht eine vielsagende Pause und während er weitspricht
klingt seine Stimme noch voller und dunkler,

„sie haben verlernt, es in sich selbst zu entwickeln
und lassen sich von diesen Geräten beherrschen.

Früher nutzten sie ihre gute Wahrnehmung,
und sie konnten viele Dinge ohne Hilfsmittel erfassen.
Diese Fähigkeit haben sie bei jeder Gelegenheit geschult
und vertrauten ihr."

Die Naturvölker wissen das noch",
ruft *Fleddy* dazwischen,
und sie klingt diesmal fast schon ein wenig traurig.

Jetzt können die Menschen wieder lernen,
sich auf die Kraft der Fledermaus besinnen.
Sie könnten aufhören, alles „machen zu wollen",
und damit würde auch so mancher Machtkampf enden,
der sie nur unnötige Kraft kostet.
Überlege dir einmal, wieviel wertvolle Energie sie dann
für die schönen Dinge des Lebens zur Verfügung hätten.
Das Leben der Menschen wäre einfacher und nicht so
kompliziert, wie die Maschinen, die sie erfunden haben.

Gleich einem Radargerät oder ähnlich einem Radio:
Sie senden eine Nachricht, eine Frage, eine Information aus
und empfangen mit Hilfe ihrer Wahrnehmung genau das,
was sie dazu wissen müssen und ihnen am meisten dient.

Diese Fähigkeiten haben die Menschen auch heute noch,
sie müssen nur von ihnen wiederentdeckt
und ein wenig geübt werden!
Das nennt man Intuition, Hellsehen oder
telepathische Fähigkeiten.

Wollen sie etwas anderes erleben, ändern sie ihre Ausrichtung.
Das ist so, als stellst du einen anderen Sender
in deinem Radio ein.

In Notsituationen ist es vielen Menschen gelungen,
diese innewohnende Kraft zu nutzen.
Sie wissen dann zum Beispiel, dass es einem lieben Angehörigen
gerade schlecht geht oder er Hilfe braucht.
Das sind Erfahrungen, die im Krieg oft erlebt wurden und
natürlich auch in anderen Situationen erfahren werden können.

Fledermäuse fliegen erst kurz vor Beginn der Dunkelheit.
Tagsüber werden sie kaum von jemandem bemerkt,
wenn sie kopfüber in Ritzen und am Mauerwerk hängen.
Diese Kraft der Tarnung kann auch für Menschen wichtig sein,
wenn sie Schutz brauchen und nicht gesehen werden wollen.
Sie ist wie ein Umhang, der sie unsichtbar macht.

Da die Qualität der Fledermäuse das Hören ist,
sollten die Menschen bei allem,
wo es ums Hinhören und Verstehen geht,
die Gelegenheit nutzen,
diese Kräfte in sich selbst zu entwickeln.
Nicht nur bei dem, was von außen an ihr Ohr dringt,
sondern vor allem auch, wenn die innere Stimme,
ihr Herz, ihnen etwas zu sagen hat.
Man nennt das: mit dem Herzen hören!

Ja, jetzt denk dir doch einmal wie toll es für die Menschen wäre,
wenn sie das Echolotsystem zu jedem Zeitpunkt nutzen würden:

Sie brauchten kein Handy und kein Internet mehr,
auch keinen Brief zu schreiben und auf Antwort zu warten.
Selbst beim Lernen könnten sie in ihrer warmen Stube bleiben,
oder sich anderen Dingen widmen, anstatt zur Schule zu gehen.
Sie würden alles, was sie für ihr Leben lernen und wissen
müssten, mit ihrer Intuition wahrnehmen und
im Augenblick die richtigen Antworten empfangen.

Klasse, nicht wahr?
Besinne dich, lerne von den Fledermäusen,
ihre Kraft ist auch in Dir!

Der Morgen

Inzwischen haben die Fledermäuse bei ihren Wettflügen
einige hundert Mücken und Falter verzehrt
und sind ausreichend satt und müde.

In der Ferne zeigt sich die Morgenröte,
die sich immer vor Tagesanbruch
über die Dunkelheit der Nacht erhebt.

Nun dauert es nicht mehr lange und die Sonne
taucht hellstrahlend am Horizont auf.

„Es wird Zeit für mich, ich werde müde",
sagt *Flügelschlag* und steuert das Quartier an,

das ihr der

Buntspecht
Kerbenklopf

im letzten Jahr
bereitwillig überlassen hat,
nachdem seine Jungen
ausgeflogen waren.

„Ich will auch jetzt nach Hause, bis heute Abend also!"
verabschiedet sich *Dämmerflug*
und fliegt in einem großen Bogen dem alten Kirchturm zu,
seinem Zuhause.

„Ich wünsche euch einen guten Schlaf",
säuselt *Mausi,* und die Augen fallen ihr schon halb zu.
Sie kennt den Weg zur ihrer Wohnung aus dem Gedächtnis.

Fleddys Stimme
ist vor lauter Müdigkeit kaum noch wahrzunehmen:

„Ich schlafe heute hier in dem Baumstamm,
der schon ganz hohl ist und kein einziges Blatt mehr treibt.
Das ist ab sofort mein Ferienhaus".
Und schon ist auch sie verschwunden.

Als alle in ihren Stuben kopfüber ihr Schlaflager bezogen haben,
geht golden in der Ferne die Sonne auf.

Der erste Sonnenstrahl
erreicht die Weide und
kitzelt sie an der Nase

Sie reagiert sofort und hält ihre
mit Tränentropfen benetzten Zweige
der warmen Morgensonne entgegen...

Mausohren- Kolonie   *Foto: Andreas Kiefer*

…während die Fledermäuse
gemütlich in ihren Schlafstuben kuscheln
und von dicken Faltern und unzähligen Mücken träumen.

Eigentlich schade, dass:

Vorwitznas, die **Hufeisennase**,

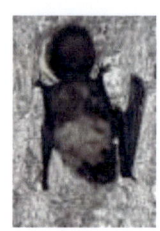

Dämmerflug, der **Abendsegler**,

Fleddy, die **Fransenfledermaus,**

Mausi, das **Mausohr,**

Horchlöffel, das **Langohr,**

Flügelschlag,
die **Zwergfledermaus**

und all ihre anderen Verwandten und Freunde
diesen herrlichen Tag verschlafen.

Es wird ein schöner Tag!

„Umweltfreundliche" Energie und Fledermäuse

Wie schon gesagt,
ist der Mensch der größte Feind der Fledermäuse.
Dazu gehören auch die Erfindungen des Menschen.

So lassen viele Fledermäuse im Straßenverkehr ihr Leben,
aber besonders die Windräder, die uns eine umweltfreundliche
Energie liefern sollen, geben Anlass zur Sorge
im Hinblick auf das Leben der Fledermäuse.

Viele von ihnen wurden um die Windräder herum, in einem
weiten Radius tot aufgefunden.

Nein, sie waren nicht vom Propeller erschlagen worden.
Man hat festgestellt, dass ihnen die Lungen platzen, wenn sie
schon nur in die Nähe eines solchen Windrades kommen.

Fledermausfreundliches Haus

Immer mehr Menschen setzen sich für die Natur und ganz besonders auch für die Fledermäuse ein, und so möchte ich zum Schluss noch eine erfreuliche Meldung aufgreifen und dich daran teilhaben lassen:

Im der Sendung vom 1. Juli 2014 berichtetet das WDR Fernsehen in seiner Sendung:

Quarks & Co.,

dass ein Mieter seine Wohnung zu Gunsten der Fledermäuse geräumt hat.

Er lebte in einer Dachgeschoss-Wohnung in Eitorf, in der Nähe von Siegburg, und einige Fledermäuse fanden seine Wohnung genauso schön wie er.

Sie erwählten sie zu ihrem Quartier und nisteten sich dort ein.

Da Fledermäuse unter Naturschutz stehen und somit auch nicht umquartiert werden dürfen, suchte sich der Mieter eine andere Wohnung.

Daraufhin entschloss sich **„Nabu, der Naturschutzbund"**, *die Wohnung anzumieten.*

Die Fledermäuse haben nun dort ihre Kinderstube eingerichtet und **Nabu** *zahlt die Miete.*

Sendung im WDR Fernsehen vom 1. 7. 2014 Quarks und Co. - Wissen

Zu meiner Person

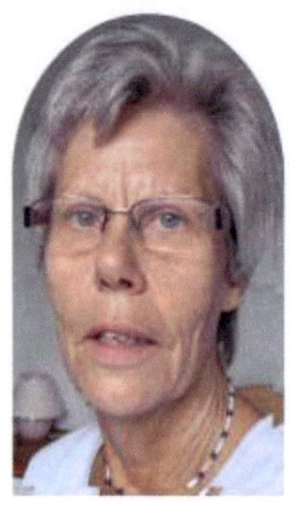

Schon in der Schule hatte ich den Wunsch, zu schreiben.
Es dauerte allerdings eine Weile bis ich mit etwa 30 Jahren die ersten Schriftstücke in Vers und Reim sowie in Prosa zu Papier brachte.
Dies war für mich eine willkommene Abwechslung zu meinem Haushalt mit fünf Kindern. Die Feste im Familien- und Bekanntenkreis sowie die Brauchtumspflege boten mir vielfältige Gelegenheiten.

Mit dem Erwachsenwerden meiner Kinder versiegte diese Quelle - zum Glück aber nur vorübergehend.
Nachdem meine ersten Enkel geboren wurden, erwachte die Lust am Schreiben aufs Neue und zusätzlich die Freude am Fotografieren und Malen.
Meine Ausflüge in die Natur, das Interesse an Wildkräutern und besonders an der Wahrheit und Wahrhaftigkeit des Lebens, inspirieren mich zu immer neuen Ideen.
"Der Weg des Herzens", den ich dank *Jutta Fielenbach* gehen durfte, öffnete mein Herz, ich konnte der Wahrheit wieder vertrauen und mein Zugang zu Gott wurde klar und intensiv.
In Einzel- oder Gruppenarbeit teile ich meine Erfahrungen mit anderen Menschen.
Wer mir schreiben möchte:
E-Mail rieck.chr@web.de

Meine Homepage www.christa-rieck.jimdo.com
Weitere Bücher von Christa Rieck

12,90€   44 Seiten

4-99 Jahre

Compbook Verlag
ISBN 9783934473706

In den drei Wildkräutergeschichten:
- Das Gänseblümchen erinnert sich,
- Die Tränen der Taubnessel und
- Wegerich zieht in die Welt,
erzählen Blumen und Pflanzen in anrührender und
einfühlsamer Weise aus ihrem Leben.

Kleine und große Leser werden spielerisch sensibilisiert,
ihr Leben im Einklang mit der Natur zu gestalten.

Ergänzende Informationen und Bastelideen am Ende
jeder Erzählung regen zur praktischen Verwendung an.

Illustriert mit wunderschönen Naturfotos.
Dieses Buch motiviert zum Nachdenken!

Christa Rieck

**Gottes Kind –
Sei wer Du bist**

Aufrecht leben

14,90€   104 Seiten
BoD Verlag
ISBN 97837380720

DIES IST EIN HERZLICHES BUCH...

mit dem Herzen gefühlt, erlebt und geschrieben
für alle,
die der Sehnsucht ihres Herzens folgen,
um wahrhaftig leben zu können!

Schon als Kind habe ich mir viele Gedanken gemacht,
was Jesus wohl wirklich gemeint hat, als er die Menschen lehrte.

Ich habe Antworten gesucht und auch ganz viele bekommen.
Manchmal hatte ich danach noch mehr Fragen -
viele Male konnte ich die Wahrheit in meinem Herzen fühlen.
Ich habe sie in Worte gefasst, aufgeschrieben und möchte dich daran
teilhaben lassen.
So ist dieses Buch entstanden.

Ich wünsche Dir, dass Du:

- Deine eigene Wahrheit findest,
- Freude und Fülle Dein Leben bereichern
- die Liebe in jedem Augenblick für Dich erfahrbar ist!

Christa Rieck

Buchulu und ihre Freunde

Baum-Wissen – Energiefelder – Naturwesen

In dieser zauberhaften Geschichte wird den kleinen und großen Erdenbürgern natürliches Wissen über Bäume und Elementarwesen wie: Elfen, Zwerge und Baumgeister, anschaulich vermittelt.

Mädchen wie Jungen werden in ihrer Wahrnehmung bestärkt und lernen, ihrer Intuition zu vertrauen.

Die vielen farbigen Fotos schulen den Blick und lassen Wuchsformen auf Wasseradern, Elfen, Baumgeister und Gnome auf eigenen Fotos und in der Natur wiedererkennen.

4-99 Jahre   12,90€   60 S.   BoD   ISBN 9783735792853

Kostenloser Versand:

Tel 0176 - 47095557 Christa Rieck   ♡   Mail:rieck.chr@web.de
www.christa-rieck.jimdo.com